Hinweis

Die Basis wird mit zwei Nadeln gearbeitet. Das macht das Fädeln viel einfacher und außerdem finde ich, dass eine gleichmäßige Fadenspannung in diesem Fall besser mit zwei Nadeln gehalten werden kann. Ich beginne mit einem ca. 2,50 m langen Faden.

Wer es gar nicht mit zwei Nadeln aushalten kann, blättert bitte zur Seite 5, dort ist es mit einer Nadel erklärt.

Bitte prüfen, ob bei beschichteten GemDuos die Beschichtung auf der richtigen Seite aufgebracht wurde (siehe Foto).

Grafik 1

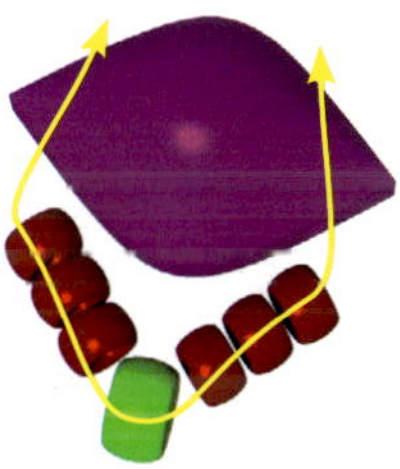

Grafik 1

Auf eine Nadel 3x 15/0, 1x 11/0 und 3x 15/0 Perlen aufnehmen und in die Mitte des Fadens schieben. Je eine Nadel durch je ein Loch einer GemDuo führen.

Grafik 2

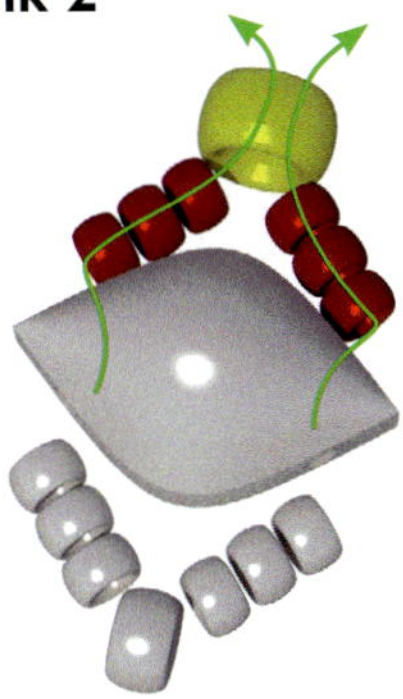

Grafik 2

Auf beide Nadeln je 3x 15/0 Perlen aufnehmen und dann beide Nadeln durch 1x 8/0 Perle führen (Achtung: Hier nicht kreuzen, sondern beide Nadeln einfach gleichzeitig durch die 8/0 Perle führen).

Grafik 3

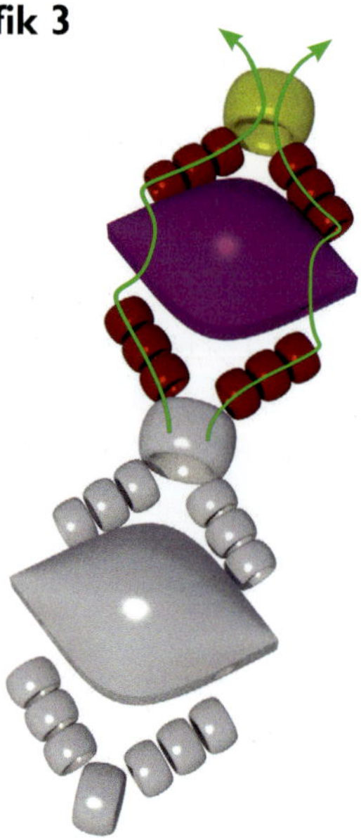

Grafik 3

* Auf beide Nadeln je 3x 15/0 Perlen aufnehmen und dann jede Nadel durch ein Loch einer GemDuo führen. Auf beide Nadeln je 3x 15/0 Perlen aufnehmen und dann beide Nadeln durch 1x 8/0 Perle fädeln. Ab * bis zur gewünschten Länge wiederholen.

Hinweis: Beim einreihigen Armband beinhaltet das gezeigte Stück 18 GemDuos und hat damit eine Länge von ca. 18,5 cm (mit Ösen, ohne Verschluss).

Grafik 4

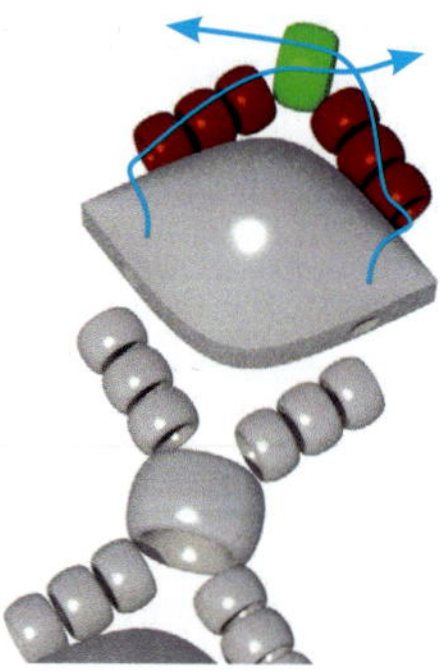

Grafik 4

Nach der letzten GemDuo auf jede Nadel je 3x 15/0 Perlen aufnehmen und dann beide Nadeln durch 1x 11/0 Perle kreuzen.

Es geht auf Seite 7 weiter.

Die Basis mit nur einer Nadel arbeiten
Die Basis kann auch mit nur einer Nadel gefädelt werden, dann muss jedoch genauer auf die Fadenspannung geachtet werden. Ich justiere die Spannung ab und zu nach, indem ich die Stoppperle verschiebe.

Bitte unbedingt die beiden Fädellöcher jeder GemDuo vor dem Verarbeiten auf Durchgängigkeit prüfen. Es kann immer sein, dass ein Loch verstopft ist.

Den Fadenrest nicht zu kurz abschneiden (ca. 20 cm). Er sollte sich zur Sicherung um die Finger wickeln lassen.

Schritt 1
1x 8/0 Perle als Stoppperle aufnehmen (einmal in selber Richtung durch die Perle fädeln, die Stoppperle wird später wieder entfernt).

Schritt 2
*1x GemDuo, 3x 15/0, 1x 8/0 und 3x15/0 Perlen aufnehmen. Ab * 17 weitere Male wiederholen und dabei darauf achten, dass alle GemDuos in dieselbe Richtung zeigen. Der Strang ist jetzt ca. 18 cm lang, für die Gesamtlänge des Armbands muss die Öse und der Verschluss bedacht werden.

Schritt 3
3x 15/0, 1x 11/0 und 3x 15/0 Perlen aufnehmen und durch das zweite Loch der zuletzt hinzugefügten GemDuo fädeln.

Schritt 4
* 3x 15/0 Perlen aufnehmen und durch die 8/0 Perle fädeln. 3x 15/0 Perlen aufnehmen und durch das zweite Fädelloch der GemDuo fädeln. Ab * bis zum Ende wiederholen und darauf achten, dass sich die Kreuze schön bilden (dazu lockere ich wenn nötig die Stoppperle). Am Ende die Stoppperle entfernen.

Schritt 5
3x 15/0, 1x 11/0 und 3x 15/0 Perlen aufnehmen und durch das zweite Loch der GemDuo fädeln.

Schritt 6

Durch die 3x 15/0, 1x 8/0 und 3x 15/0 Perlen vorfädeln. * 2x 15/0, 1x 11/0 und 2x 15/0 Perlen aufnehmen und durch die folgenden 3x 15/0, 1x 8/0 und 3x 15/0 Perlen vorfädeln. Ab * bis zum Ende wiederholen.
Am Ende durch die drei 15/0 und die 11/0 Perle fädeln und eine Öse arbeiten (siehe Grafik 5 auf Seite 7).

Schritt 7

Die andere Seite ebenso arbeiten und dann durch die 6x 15/0 Perlen am anderen Ende vorfädeln, die 11/0 Perle auslassen und ein letztes Mal 2x 15/0, 1x 11/0 und 2x 15/0 Perlen hinzufügen.
Mit dem Fadenrest eine zweite Öse arbeiten, diese noch zwei bis dreimal durchfädeln und den Faden abschneiden.

Es geht auf der nächsten Seite bei Grafik 6 weiter.

Grafik 5

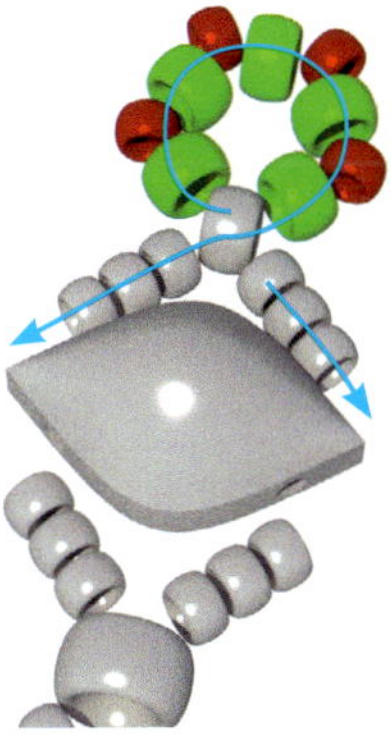

Grafik 5

Die Öse mit einer Nadel arbeiten. Dazu 5x 11/0 Perlen aufnehmen und durch die Perle fädeln, aus der der Faden kommt. Den Fadenlauf wiederholen und dabei 4x je 1x 15/0 Perle einfügen. Den Fadenlauf ein weiteres Mal wiederholen.

Beide Nadeln so vorfädeln, dass sie aus den drei 15/0 Perlen vor der ersten GemDuo herauskommen.

Grafik 6

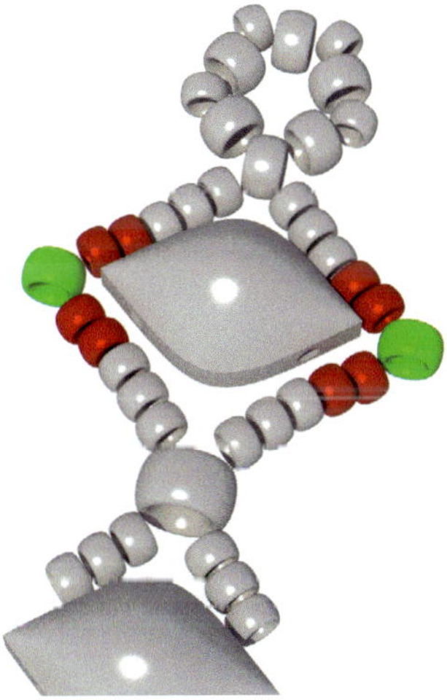

Grafik 6

* Folgendes mit jeder Nadel arbeiten:
2x 15/0, 1x 11/0 und 2x 15/0 Perlen aufnehmen und durch die folgenden drei 15/0, 8/0 und drei 15/0 Perlen fädeln. Die neu hinzugefügte 11/0 Perle so zwischen die 15/0 Perlen schieben, dass sie heraussticht (wie bei einem Picot).

Ab * bis zum Ende wiederholen und dann auf der anderen Seite auch eine Öse (siehe Grafik 5) arbeiten.

Grafik 7

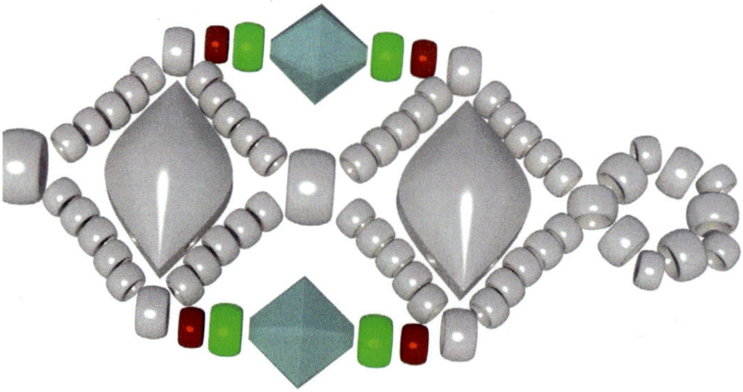

Grafik 7

* Auf beiden Seiten mit je einer Nadel folgendes arbeiten: 1x 15/0, 1x 11/0 Perlen, 1x Doppelkegel 4 mm, 1x 11/0 und 1x 15/0 Perle aufnehmen und durch die nächste 11/0 Perle fädeln. Ab * bis zum Ende wiederholen.

Fertigstellung als einreihiges Armband

Mithilfe der Biegeringe den Verschluss einhängen und das einreihige Armband ist fertig!

Fertigstellung als zweireihiges Armband

Die Schritte der Grafiken 1 bis 6 arbeiten, das Element beiseite legen.

Grafik 8

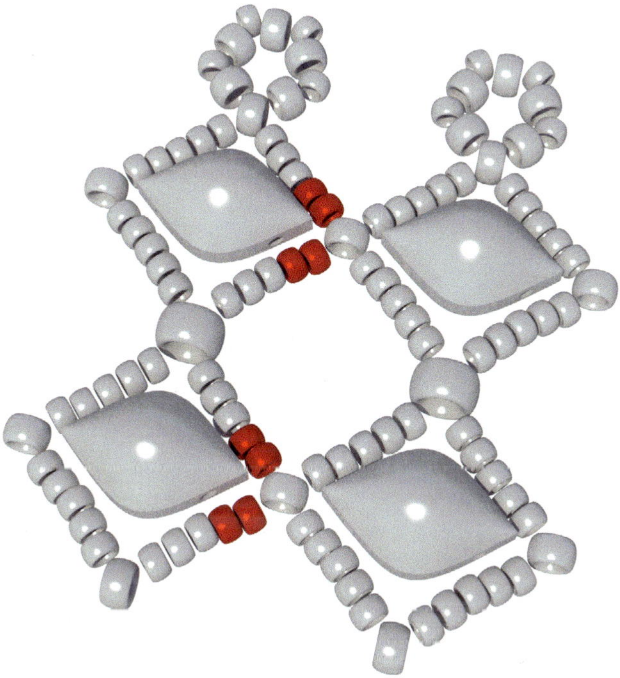

Grafik 8

Nochmals die Schritte der Grafiken 1 bis 6 arbeiten dabei jedoch die 11/0 Perlen aus Grafik 6 des ersten Elements mitverwenden.

Ohne Grafik

Die Schritte der Grafik 7 an beiden Außenkanten und in der Mitte wiederholen. Die Verschlüsse mithilfe der Biegeringe einhängen.

Fertigstellung als dreireihiges Armband

Drei Elemente wie auf Seite 9 beschrieben miteinander verbinden. Die Schritte der Grafik 7 einfach auslassen (oder auf Wunsch die Doppelkegel anfädeln).

Leider habe ich für die vorhandenen Ösenabstände keinen passenden Verschluss finden können. Also habe ich einen preisgünstigen Schiebeverschluss mit 5 Ösen genommen und je zwei Ösen abgebogen. Dazu einfach die zu entfernende Öse mit einer Zange hin und her biegen, bis sie abbricht. Dabei darauf achten, dass die anderen Ösen nicht beschädigt werden.
Alternativ wird beim mittleren Element einfach keine Öse gearbeitet und dann werden zwei kleine Magnetverschlüsse verwendet.

Fertigstellung als Halskette

Die Basis wie in den Schritten der Grafiken 1 bis 3 arbeiten, jedoch mit einer GemDuo enden. Ab jetzt arbeite ich mit nur noch einer Nadel und lasse den anderen Faden hängen.

Grafik 9

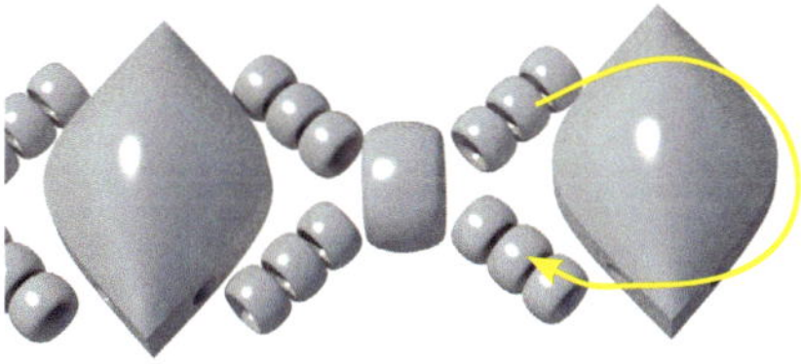

Grafik 9

Das Problem bei der Halskette ist die passende Länge. Durch das Hinzufügen der Doppelkegel schrumpft die Kette in der Länge und sie passt evtl. nicht mehr. Also wird am Ende bei der GemDuo gewendet (durch das zweite Fädelloch fädeln, siehe Grafik).

Grafik 10

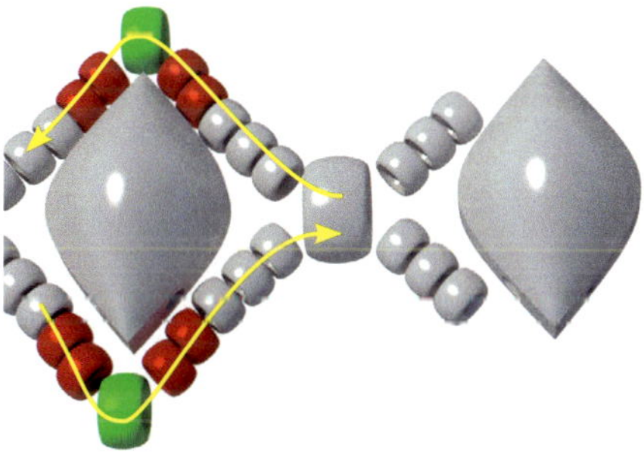

Grafik 10

Wie in Grafik 6 werden die Spitzen aus je 2x 15/0, 1x 11/0 und 2x 15/0 Perlen hinzugefügt. Dabei wird am anderen Ende der Kette die Öse bereits angefädelt (siehe auch Grafik 5).

Grafik 11

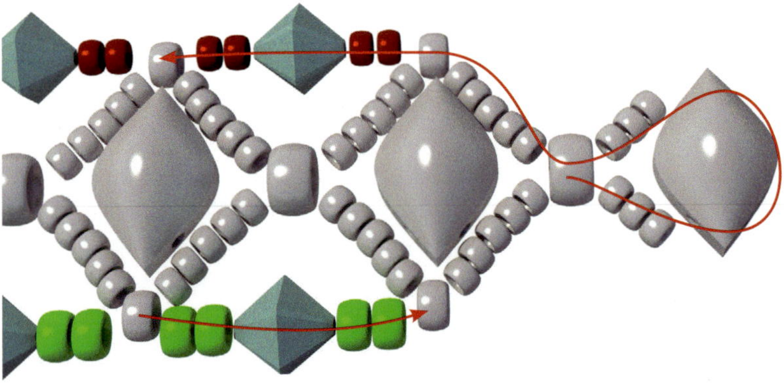

Grafik 11
An der halsnahen Seite werden 2x 15/0 Perlen, 1x Doppelkegel und 2x 15/0 Perlen zwischen den 11/0 Perlen hinzugefügt.
An der halsfernen Seite werden 2x 11/0 Perlen, 1x Doppelkegel und 2x 11/0 Perlen zwischen den 11/0 Perlen hinzugefügt.

Grafik 12

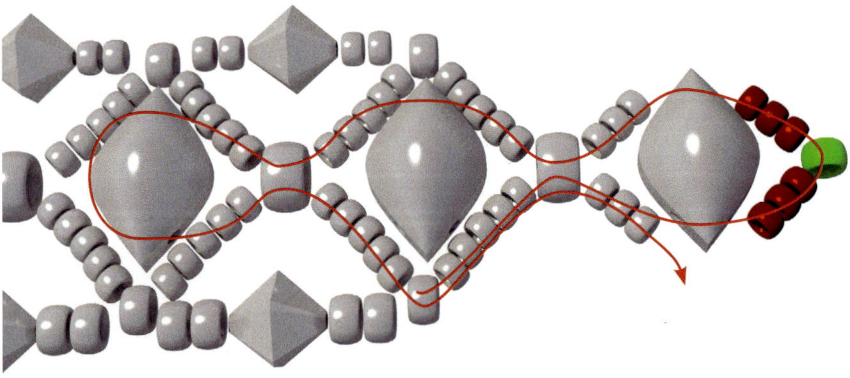

Grafik 12
Ist die Länge passend, werden zuerst 3x 15/0, 1x 11/0 und 3x 15/0 Perlen an der GemDuo hinzugfügt. Dann wie die Grafik zeigt vorfädeln.

Grafik 13

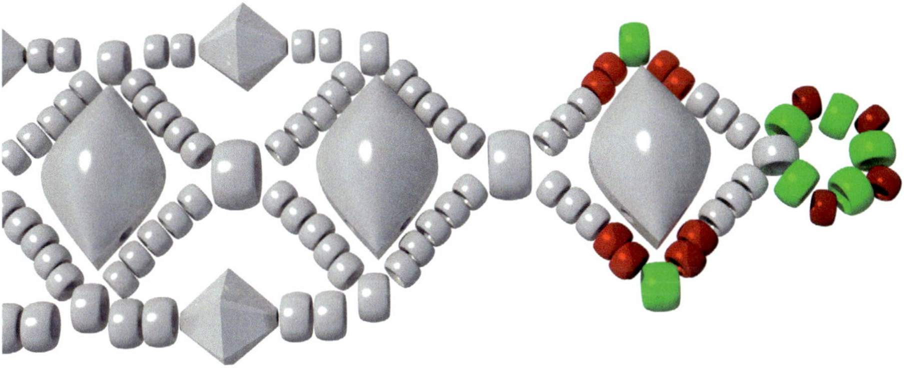

Grafik 13
Eine Spitze, die zweite Öse und eine weitere Spitze hinzufügen.

Grafik 14

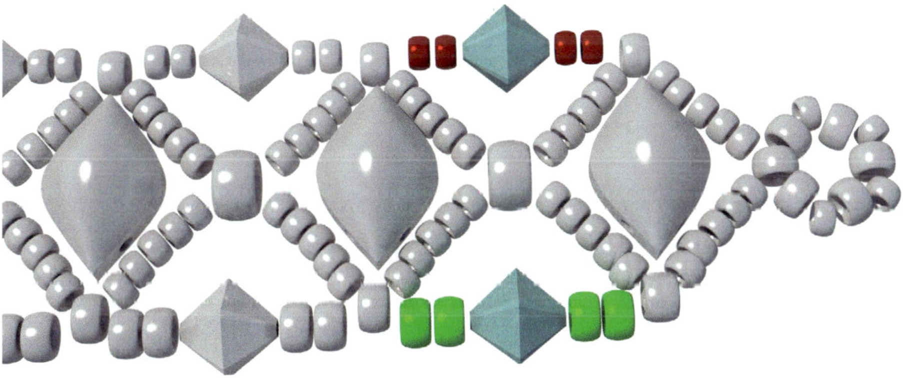

Grafik 14
Wie in Grafik 12 vorfädeln und die letzten beiden Doppelkegel und Saatperlen anfügen.

Material einreihiges Armband (Länge ca. 18,5 cm)

34 St.	Doppelkegel #5328, 4 mm, Fuchsia 2xAB
0,50 g	8/0 Saatperlen, #4216 Light Sea Foam
1 g	11/0 Saatperlen, #0469 Eggplant
2 g	15/0 Saatperlen, #4204 Champagner
18 St.	GemDuo, Backlit Spectrum
2 St.	Biegeringe, 6 mm, goldfarben
1 St.	Magnetverschluss, 6 mm, Antik Bronze

Material zweireihiges Armband (Länge ca. 18,5 cm)

51 St.	Doppelkegel #5328, 4 mm, Fuchsia 2xAB
1 g	8/0 Saatperlen, #4216 Light Sea Foam
2 g	11/0 Saatperlen, #0469 Eggplant
3,5 g	15/0 Saatperlen, #4204 Champagner
36 St.	GemDuo, Backlit Spectrum
4 St.	Biegeringe, 6 mm, goldfarben
2 St.	Magnetverschluss, 6 mm, Antik Bronze

Material dreireihiges Armband (Länge ca. 19 cm)

2 g	8/0 Saatperlen, #4216 Light Sea Foam
1 g	11/0 Saatperlen, #0469 Eggplant
4,5 g	15/0 Saatperlen, #4204 Champagner
54 St.	GemDuo, Backlit Spectrum
6 St.	Biegeringe, 6 mm, goldfarben
1 St.	Schiebeverschluss, 5 Ösen, Goldfarben

Claudia Schumann - Abbey
Seite 15

Material einreihiges Armband (Länge ca. 18,5 cm)

34 St.	Doppelkegel #5328, 4 mm, Fuchsia 2xAB
0,50 g	8/0 Saatperlen, #4216 Light Sea Foam
1 g	11/0 Saatperlen, #0469 Eggplant
2 g	15/0 Saatperlen, #4204 Champagner
18 St.	GemDuo, Backlit Spectrum (ca. 3 Gramm)
2 St.	Biegeringe, 6 mm, goldfarben
1 St.	Magnetverschluss, 6 mm, Antik Bronze

Material Halskette (Länge ca. 44 cm)

92 St.	Doppelkegel #5328, 4 mm, Fuchsia 2xAB
1,5 g	8/0 Saatperlen, #4216 Light Sea Foam
3 g	11/0 Saatperlen, #0469 Eggplant
5 g	15/0 Saatperlen, #4204 Champagner
47 St.	GemDuo, Backlit Spectrum (ca. 7 Gramm)
2 St.	Biegeringe, 6 mm, goldfarben
1 St.	Magnetverschluss, 6 mm, goldfarben

Sonstiges

FireLine 0,12 mm, Smoke und Nadel Stärke 11

Fädellevel:

Anfänger

creanon

EUR 7,50
ISBN 978-3-940577-80-1

Claudia Schumann
50126 Bergheim, Germany
www.Creanon.de

Idee, Fotos, Grafiken, Text:
Claudia Schumann
Lektorat:
Heiko Radermacher

9 783940 577801